# LA FORCE

# DE L'OPINION

## CONTRE

# L'OPPRESSION,

Petit ouvrage dans lequel on trouve la citation de plusieurs faits importans, qui prouvent que tôt ou tard la raison triomphe de l'astuce et de la perfidie.

# A PARIS,

CHEZ J. G. DENTU, IMPRIMEUR-LIBRAIRE,
Rue du Pont de Lodi, nº 3, près le Pont-Neuf;
*Palais-Royal, galeries de bois*, nᵒˢ 265 et 266;

ET CHEZ LES MARCHANDS DE NOUVEAUTÉS.

1815.

# AVIS PRÉLIMINAIRE.

En 1814 nous avons mis sous les yeux du public une petite brochure intitulée : *Qu'elle fut, depuis plus de vingt ans, l'opinion des vrais Français* (1)?

Nous avons démontré que le dominateur du genre humain devait échouer dans ses projets gigantesques ; que l'Europe, fatiguée de ses forfaits, avait dû s'armer contre sa personne, et nous avons regardé comme un bienfait de la Providence l'écroulement de sa puissance ; mais nous étions loin de croire qu'après son abdication solennelle de l'autorité suprême, il eût la témérité de quitter son ban, d'armer les Français les uns contre les autres, de disputer le trône de France au Souverain légitime, et de soulever encore les puissances de l'Europe contre ses prétentions arbitraires et contre l'exercice de sa domination universelle.

En 1815, malheureusement pour notre patrie, ce violateur de tous les traités a eu cette témérité ; malheureusement il a trouvé des partisans qui ont partagé son astuce, ses sophismes, son audace et ses crimes ; et cette France, qui naguère commençait à respirer à l'ombre des lis, s'est trouvée exposée aux plus grandes calamités.

Pour prouver jusqu'à l'évidence la perfidie de Buonaparte, établir en principe que *l'opinion* des vrais

_______

(1) On trouve encore quelques exemplaires de cette brochure chez J. G. Dentu.

Français ne fut jamais douteuse pour le respect et le dévouement à la personne du Roi, ainsi qu'à son auguste famille, tel est notre but dans la publication de ce petit ouvrage.

Heureux si notre zèle ét la pureté de nos intentions sont reconnus, et plus heureux encore si nous pouvons mériter le suffrage de ceux qui nous liront !

LECOMTE,
Quai des Ormes, n° 4, à Paris.

# LA FORCE
## DE L'OPINION

### CONTRE

## L'OPPRESSION.

---

« Il est maudit de Dieu et des hommes,
« celui qui déchire le sein de sa patrie (1). »

Un littérateur célèbre a dit : *L'opinion est la reine du monde;* mais il faut qu'elle soit dégagée de toute contrainte, et qu'elle puisse se manifester dans une indépendance absolue.

Les évènemens qui se sont succédés depuis le mois de mars dernier ont fourni aux vrais

---

(1) Extrait de la proclamation du général Lamarque, datée d'Angers, au mois de mai 1815, en parlant de ceux qui avaient armé les Vendéens; mais le lecteur jugera, dans le cours de cet ouvrage, si ces mots sentencieux doivent être appliqués aux chefs des Vendéens ou à Buonaparte.

-Français (1) une nouvelle occasion de démontrer que l'astuce et la perfidie n'ont qu'un temps, et que tôt ou tard l'équité triomphe de ses ennemis.

Si pendant trois mois environ la force a commandé à l'*opinion*, elle n'a pas eu le pouvoir de la subjuguer; elle a établi un gouvernement illégitime, dont la marche était tortueuse et sophistique; mais elle n'a pu convaincre la raison, ni sur ses intentions, ni sur ses faits : enfin la force agit arbitrairement; et l'*opinion*, toujours calme, paraît obéir, et saisit le moment favorable pour secouer le joug odieux qui veut la maîtriser.

C'est ce que nous allons démontrer dans le cours de ce petit ouvrage.

Le 1er mars 1815, Buonaparte, violant à la face de l'Europe le traité qu'il avait fait le 11 avril 1814, quitta l'île d'Elbe, et débarqua en France. Déjà une propagande impie était établie sur la route qu'il devait tenir ; déjà des émissaires astucieux parcou-

---

(1) Nous entendons par *vrai Français*, celui qui aime l'ordre et la paix, celui qui respecte la loi et son Souverain légitime.

raient les départemens ; déjà ils annonçaient aux hommes crédules et timides que la dîme et la féodalité allaient être rétablies, que les acquéreurs de biens nationaux allaient être dépouillés de leurs domaines, que les ministres du culte catholique allaient troubler la paix des consciences ; déjà enfin des corps militaires étaient dirigés par des hommes parjures envers Dieu et traîtres à leur Roi.

Tandis que la faiblesse humaine s'agite, craint et se tourmente, l'audace redouble d'efforts : Buonaparte déclare avec impudeur *qu'il n'a quitté sa résidence que pour se rendre au vœu du peuple français, qui le veut et l'appelle ;* il déclare *qu'il veut assurer la prospérité d'une nation qu'il chérit, pour laquelle il sacrifiera* (1) *sa tranquillité et sa vie ;* enfin *que sa première pensée est d'oublier tout ce qui a été dit et fait pendant son absence, etc. etc.*

De telles paroles paraissent spécieuses aux yeux de la multitude ; mais elles frappent d'étonnement ceux qui pensent et qui raisonnent, sur-tout lorsqu'on apprend que le premier acte de Buonaparte, en rentrant en

---

(1) *Voyez* la note pages 10 et 11.

France, est de proscrire plusieurs Français estimables, et d'ordonner le séquestre sur leurs biens, quand il vient de déclarer que *sa première pensée est d'oublier tout ce qui a été dit et fait pendant son absence.*

Eh! pourquoi Buonaparte proscrit-il quelques personnages marquans par leurs dignités et leur génie? Parce que ces hommes ont déchiré le voile de la tyrannie, parce qu'ils ont su calmer l'indignation d'une armée triomphante, qui, en 1814 (1), pouvait réduire cette nation que Buonaparte dit *chérir,* et qu'il avait mise sur le bord du précipice.

Buonaparte, en débarquant en France, fait entendre à la troupe qui l'accompagne qu'*il a une trève de vingt ans avec les puissances étrangères ; que l'Autriche et l'Angleterre autorisent son entreprise, et que le* 10 *mai son épouse et son fils seront couronnés et sacrés à Paris.* Cependant Buonaparte

---

(1) Si on se rappelle cette malheureuse époque de 1814, on doit se souvenir combien la capitale pouvait souffrir, sans la sagesse de ceux qui capitulèrent si honorablement. Mais ce qui justifie aujourd'hui la conduite qu'a tenue le duc de Raguse en 1814, c'est l'impossibilité où se sont trouvés des militaires du premier rang de défendre Paris en 1815.

sait bien que les puissances de l'Europe sont étroitement réunies contre sa personne, et que l'Autriche se gardera bien de lui renvoyer l'illustre princesse qu'il a sacrifiée à ses caprices et à sa domination universelle.

Buonaparte, *animé d'un sentiment humain, ne veut pas qu'une goutte de sang soit versée pour son retour en France ;* mais des émissaires lui recrutent des troupes, et augmentent tellement ses forces, qu'il a des milliers de baïonnettes à opposer à ceux qui n'ont pour armes, que l'*opinion* et le désir de protéger la vertu.

LOUIS le *Désiré* ne pouvant arrêter le torrent qui le menace, préfère quitter sa capitale plutôt que faire couler le sang français (1). Buonaparte s'enorgueillit de la décision du Souverain ; bientôt il qualifie de crainte et de pusillanimité ce qui n'est qu'amour et tendresse pour des sujets fidèles qui eussent été sacrifiés sans fruit pour la cause du Roi.

Buonaparte, convaincu que les hommes sensés ne sont pas dupes de ses jongleries,

---

(1) Nous reviendrons sur cette considération. *Voyez* page 12.

va se rattacher à deux classes d'hommes qu'il dédaigne, qu'il méprise, et qu'il a opprimés en diverses circonstances. Despote plus qu'un sultan, il fait sonner aux oreilles de la multitude les mots d'*indépendance*, de *liberté* et d'*égalité*. Voulant caresser les petites passions du républicanisme, il offre aux hommes éclairés de ce parti une liberté indéfinie de la presse et une constitution libérale ; mais en même temps, par cette même constitution, il s'arroge tous les pouvoirs, et, par un décret subséquent, il maintient toutes les lois et arrêtés qui concernent l'imprimerie et la librairie, rendus pendant les momens de sa toute-puissance.

Il proclame une constitution qui doit être discutée dans une assemblée des représentans de la nation, quand il a la certitude qu'un grand nombre de départemens ne voudront pas envoyer des députés pour concourir à cet examen. Cependant, par avance, il fait *jurer obéissance aux constitutions de l'empire et fidélité à l'empereur*. Mais un fait qu'il serait difficile de croire si nous n'en avions pas été les témoins oculaires, c'est de voir appeler des hommes de tous les départemens de l'empire pour venir à Paris délibérer sur l'acte constitutionnel, et ensuite restreindre leurs pouvoirs à la qualité de scrutateurs, à l'effet seulement de compter les voix des votans pour ou contre ledit acte (1). Mais des faits non moins ridicules sont : 1° d'admettre des militaires au nombre des votans, quand il est reconnu en principe que la force armée ne doit jamais délibérer ; 2° c'est de présenter aux fonctionnaires publics et aux employés des diverses administrations, des registres à colonnes pour y placer un *oui* ou un *non*. Déclarer que chacun des votans peut émettre son vœu *librement*, et faire parvenir aux

---

(1) Depuis son retour de l'île d'Elbe et jusqu'à ce moment, Buonaparte avait capté la confiance des républicains ; mais lorsqu'on vit que par sa constitution il conservait tous les pouvoirs, il augmenta le nombre de ses ennemis, ce qui donna l'idée à un plaisant de faire un *thermomètre politique* ainsi conçu :

« LOUIS XVIII est au beau fixe,
« Les ALLIÉS à 90 degrés,
« Buonaparte à la tempête,
« L'armée française au variable,
« Le trésor au très-sec,
« Les jacobins à zéro.

Avril 1815.

oreilles de ceux qui votent qu'ils s'exposent à perdre leur place, et par suite arrêtés s'ils osent s'inscrire pour la négative ; dans ce cas, quel est le père de famille qui osera s'exposer à la vengeance d'un parti composé d'hommes fougueux qui sacrifient tout à leur orgueil et à leur volonté arbitraire ?

Mais quel est donc l'avantage que peut tirer un gouvernement de pareils sermens, quand la force les commande et quand la crainte obéit ?

LOUIS le Désiré a-t-il exigé un serment à la charte constitutionnelle qu'il a donnée à ses peuples ? Et cependant tous les vrais Français n'étaient-ils pas dévoués a l'exécution de la loi donnée par le meilleur des Rois ?

Mais pendant environ trois mois que l'usurpateur vient d'occuper le trône, n'a-t-il pas donné, violé et détruit cette constitution qui, selon lui, devait être la base du bonheur social ? Au moment où j'écris (1), ses partisans, sous le titre de *représentans de la nation*, ne nous offrent-ils pas une nouvelle charte, quand ils ont juré solennelle-

---

(1) Mois de juin 1815.

ment *fidélité à l'empereur et aux constitu-tions de l'empire ?* Combien auraient été coupables à leurs yeux ceux qui alors auraient refusé de jurer le maintien d'une chose qu'ils détruisent eux-mêmes ! ! . . . . . Pauvre peuple ! comme tu es le jouet des intrigans et des factieux ! Cependant, hommes parjures, ne vous y trompez pas ; car plus vous emploierez de ruses pour contraindre l'*opinion*, plus vous vous rendrez dignes du mépris de tous les hommes honnêtes qui raisonnent, et qui sont loin de se croire engagés par les divers sermens auxquels vous les avez obligés de souscrire.

Mais pour bien juger Buonaparte, voyons-le dans ses actions, citons ses propres paroles, et le lecteur impartial jugera les subterfuges qu'il n'a cessé d'employer pour capter la bienveillance du peuple français.

D'abord rapportons un extrait du discours du sieur Dubois, président de l'assemblée du *Champ-de-mai*, discours qui avait été soumis à la censure de Buonaparte avant d'être prononcé.

« Sire (dit ce président), le peuple français « vous avait décerné la couronne, vous l'a-

« vez déposée sans son aveu ; ses suffrages
« viennent vous imposer le devoir de la re-
« prendre, etc. etc. (1).

Buonaparte répond :

« Empereur, consul, soldat, je tiens tout
« du peuple (2). Dans la prospérité, dans
« l'adversité, sur le champ de bataille, au
« conseil, sur le trône et dans l'exil, la
« France a été l'objet unique et constant de
« mes pensées et de mes actions (3); comme
« ce roi d'Athènes, je me suis sacrifié pour
« mon peuple (4), dans l'espoir de voir se

---

(1) Les suffrages du peuple français ! Peut-on mentir
avec plus d'audace ?

(2) Pauvre peuple ! quelle est ta récompense pour
tant de confiance et tant de loyauté ?

(3) Son orgueil, son ambition et son esprit de domination, voilà ce qui fut toujours *l'objet de ses pensées*.

(4) Personne ne déteste autant le peuple que Buonaparte, il en a donné mille preuves ; jamais il ne l'a
caressé que pour accroître sa puissance, afin de le
mieux tyranniser. Eh ! quel sacrifice Buonaparte a-t-il
donc fait pour le peuple français ? N'est-ce pas au prix
du sang de ce même peuple, et aux dépens de ceux
de l'Europe, par des spoliations en tout genre, qu'il
s'est gorgé de richesses, tant pour lui que pour sa famille ? Buonaparte s'est-il *sacrifié* pour ceux qui lui

« réaliser la promesse donnée de conserver
« à la France son intégrité, ses honneurs et
« ses droits, etc. (1). »

Un placard, que nous avons vu sur les
murs de Paris, censure la charte constitutionnelle donnée par le Roi. Dans le nombre des sophismes qu'il contient, on y re-
marque celui-ci : *Quelle garantie* ( s'écrie
l'auteur) *cette charte donne-t elle aux puissances, en ce qui concerne les lois sur la
conscription ?* Mais dans quel moment le
gouvernement de Buonaparte fait-il afficher
une telle question ? Quand il arrache tous
les jeunes gens du sein de leur famille, du

---

étaient entièrement dévoués ? Ne les a-t-il pas abandonnés en *Egypte*, en *Espagne*, en *Russie*, en *Saxe* et
en *Belgique* ? Plus d'une fois n'a-t-il pas fait couper des
ponts pour sa propre conservation, en laissant son armée au pouvoir de l'ennemi (*Voyez* page 58) ? N'ayant
pas eu le courage de mourir pour sa propre cause,
n'a-t-il pas eu la lâcheté d'abdiquer deux fois le pouvoir suprême, après avoir mis le peuple et l'armée
dans un danger imminent ? Et Buonaparte ose dire
*qu'il s'est sacrifié pour son peuple !* Quelle impudeur !!!.....

(1) Le seul espoir de Buonaparte étoit de dominer
l'univers.

centre des ateliers , qu'il tue le commerce et les arts ; quand enfin il arme toute la population française contre ces puissances auxquelles Buonaparte ne cesse de dire qu'il veut la paix et la tranquillité de l'Europe.

Quelque fût l'astuce de Buonaparte et de ses partisans, il n'y en eut pas encore de pareille à celle qui circulait dans les sociétés de ses prosélytes. *Napoléon, disait-on, a fait plus de deux cents lieues en France sans éprouver la moindre résistance, donc c'est la nation qui l'a demandé. Personne n'a défendu LOUIS XVIII, donc sa cause était mauvaise. Quoi ! Louis pour régner va chercher des baïonnettes étrangères* (1) ! *Une coa-*

---

(1) Sans doute il est douloureux pour des vrais Français, de voir les étrangers au sein de leur patrie ; mais qui les a provoqués tant de fois ? qui est cause de tant de maux ? n'est-ce pas Buonaparte ? Par son abdication solemnelle de 1814 n'avait-il pas laissé le trône vacant ? Qui devait l'occuper ? N'était-il pas tout naturel que ce fût celui à qui il appartenait par droit de naissance ? Mais par la violation du traité de Fontainebleau, n'était-il pas encore naturel que toutes les puissances de l'europe en fussent irritées et ne s'armassent contre Buonaparte pour l'expulser ? Ainsi, qu'on vienne encore nous dire que *Louis XVIII a sollicité des forces*

*lition formidable s'arme pour donner des lois à une nation qui ne réclame que sa liberté et son indépendance ! Les Souverains coalisés disent qu'ils n'en veulent qu'au chef qui est à la tête du gouvernement français, quand, au contraire, ils ne veulent qu'asservir un peuple belliqueux qui combat depuis plus de vingt ans pour jouir de la plénitude de ses droits* (1) ! Tel a été, pendant plus de trois mois, le langage de Buonaparte et celui de ses agens : langage aussi ridicule que perfide, auquel on aurait pu répondre par un sourire de pitié seulement ; mais, comme on n'est pas toujours maître de soi-même, quand le mensonge est trop fort, l'imagination s'en-

---

*étrangères pour le remettre sur le trône ?* Pour tenir un pareil langage, il faut être ou bien de mauvaise foi, ou bien aveugle !

(1) Un ordre du jour daté de Rennes le 29 mai 1815, porte ce qui suit :

« Je suis autorisé à annoncer aux habitans de la 15<sup>e</sup>
« division militaire, que l'armée anglaise en Belgique
« se prépare à la retraite, et que des négociations de
« paix sont entamées avec l'Autriche. »

*Signé,* le commandant militaire,

Comte Auguste de Bigarré.

flamme et on ne peut s'empêcher de s'écrier :

Hommes, de quelque classe que vous puissiez être, ou vous êtes égarés, ou vous êtes bien pervers ! Quoi ! vous osez attaquer la vertu et vous ne craignez pas de la calomnier pour favoriser le crime ! Vous paraissez combattre pour votre indépendance, et vous voulez tyranniser vos voisins ! Vous voulez jouir d'une liberté absolue, et vous prenez un sceptre de fer pour vous gouverner ! Vous accusez le plus magnanime des princes de faire répandre le sang des Français, quand vous soutenez depuis longues années un ambitieux éhonté qui, pour dominer l'univers, a sacrifié des millions de Français ! Vous demandez la paix, et vous voulez celui qui fait une guerre à mort à tous ceux qui ne veulent pas être dupes de sa perfidie ! Vous parlez *d'honneur national*, et vous reconnaissez pour votre idole celui qui ne prêche que le meurtre, le carnage, et qui, par ses propres lois, a su organiser le vol et le brigandage en tout genre (1) ! Vous traitez de *lâches* ceux

––––––––––

(1) Il ne faut que lire le décret de Buonaparte pour le création des corps francs ; à coup sûr ce ne peut pas être l'honneur national qui en ait dicté les articles.

qui ne veulent pas s'enrôler sous vos dra-
peaux pour combattre ceux qui viennent pour
faire triompher la cause de la justice et de la
raison ! *Votre cœur saigne*, dites-vous, quand
vous voyez des légions armées dicter la loi
à votre patrie ! Mais examinez votre conduite,
et voyez si vous-mêmes vous ne tyrannisez
pas vos concitoyens ! Hommes égarés ou pervers ! vous voyez dans la coalition des Rois
les ennemis de la France, et les trois quarts
des Français les considèrent comme les alliés de leur Roi, et les vrais libérateurs de leur
patrie ! Vous murmurez après l'état de guerre
qui vous environne et qui pèse sur vous ;
mais, hélas ! n'est-ce pas votre ouvrage, par
votre obstination à soutenir l'ennemi de l'Europe ? Vous redoutiez le retour des Bourbons,
et vous déclamiez contre leur gouvernement,
parce que vous sentiez que faisant partie d'une
faction turbulente et dominatrice, vous alliez
perdre cette puissance ennemie de tout ordre
social !

Hommes égarés ou pervers ! vous dites que
le Roi a *sollicité le secours des baïonnettes étrangères pour le replacer sur le trône ;*
hélas ! soyez donc de bonne foi, et persuadez-
vous bien que c'est pour la paix et la tranquil-

lité de l'Europe que combattent ces Souverains fatigués de la tourmente révolution-
naire qui pouvait porter la plus cruelle épi-
démie au sein de leurs Etats. Soyez de bonne
foi, vous dis je, et répondez-moi : Si vous
aviez un voisin dangereux qui vous tour-
mentât continuellement, qui menaçât votre
tranquillité, qui voulût enfin usurper votre
propriété, ne feriez-vous pas tous vos efforts
pour l'éloigner de vous ? n'emploieriez-vous
pas d'abord l'intermédiaire de vos amis pour
calmer la passion de votre ennemi; et si vous
aviez la force en main, ne vous en serviriez-
vous pas pour le mettre dans l'impuissance
de vous nuire ? Eh bien ! Français, telle est
aujourd'hui la position des Souverains de
l'Europe à l'égard de Buonaparte. Ainsi, le
dernier de l'auguste famille des Bourbons
n'existerait plus, que la situation de la France
serait la même, tant est grand l'intérêt des
têtes couronnées, d'anéantir la puissance de
ce perturbateur du repos du monde, ainsi
que l'influence de ses partisans.

Hommes égarés ou pervers ! soyez donc
de bonne foi, et reconnaissez dans le retour
des Bourbons le *palladium* réel de votre liberté et de votre indépendance. Entourés de

nombreuses légions, quel serait le sort de la patrie sans la haute vénération qu'ont et auront les Rois de l'Europe pour le chef de la maison de Bourbon ? Vous voulez mourir, dites-vous, pour *votre indépendance*, et vous courbez la tête sous la verge de fer de celui qui a attiré sur vous les calamités de la guerre étrangère, et celle des dissensions civiles. Quel délire !.. Enfin, en 1814 vous jouissiez de tous les bienfaits de la paix ; un Prince digne de régner avait obtenu des vainqueurs l'intégrité et l'indépendance de vôtre patrie ; son ame bienfaisante avait oublié vos erreurs et vos crimes ; son génie s'occupait des moyens de cicatriser les plaies de l'Etat, et tout-à-coup vos intrigues délivrent un prisonnier d'état, qui vient de nouveau rallumer les torches de la discorde et troubler l'ordre social. Comparez donc votre situation sous le règne de 1814, à celle sous le gouvernement de 1815. Si Buonaparte n'eût pas quitté son rocher, votre patrie serait-elle occupée par des légions étrangères ? vos ateliers seraient-ils abandonnés ? vos moissons seraient-elles ravagées ? vos campagnes seraient-elles désertes ? vos familles seraient-elles éplorées ? des milliers de soldats, aveuglés par l'enthousiasme, seraient-ils victimes de leur dévouement ? vos hôpitaux seraient-ils encombrés de blessés? l'Etat serait-il obligé de venir au secours des veuves et orphelins dont les parens ont été le jouet d'un homme qui n'a su profiter de leur bravoure que pour les abandonner lorsqu'ils sont dans le malheur ?

Hommes égarés ou pervers ! après toutes les vérités ci-dessus énoncées, et qu'on ne peut révoquer en doute, pouvez-vous encore douter de la sincérité de votre Roi et de la perfidie de celui qui n'a cessé de vous tromper ? pourrez-vous encore conserver des craintes chimériques sur la bonté du gouvernement de Louis XVIII ? Tous les raisonnemens des chefs de parti ne sont-ils pas fallacieux et problématiques? et l'anarchie dans laquelle vous a plongés Buonaparte n'est-elle pas réelle et constante?

Français de toutes classes ! soldats de toutes armes ! persuadez-vous donc que *l'honneur national* est d'obéir à la loi et de soutenir et respecter le Souverain qui a tant de droits à la vénération des honnêtes gens, tant par son droit d'hérédité que par ses vertus personnelles ; persuadez-vous que celui qui veut dicter des lois par la force des armes est l'ennemi cruel de la patrie ; persuadez-vous, enfin, que la tranquillité et la paix peuvent seules cicatriser les plaies profondes du corps politique, agité par plus de vingt ans de troubles et de malheurs.

Vous, militaires distingués par un grade supérieur, croyez-vous acquérir des droits à là reconnaissance nationale en restant armés contre l'autorité légitime ? car si, par malheur, vous restiez dans un état de rebellion, quels seraient vos moyens pour soutenir vos légions révoltées ? ne seriez-vous pas réduits à user de la force des armes pour vous procurer des subsides ? Hélas ! que deviendrait cette gloire militaire à laquelle vous paraissez attacher tant de prix ? elle dégénérerait en licence, et cette patrie, que vous dites chérir, vous rejeterait de son sein comme des enfans perdus qui ont foulé aux pieds les lois de la décence et de l'honneur.

Français ! sous le règne de Louis XVIII a-t-on doublé les impôts directs et vous a-t-on forcés *à faire des dons patriotiques* comme cela s'est fait sous le gouvernement de Buonaparte ? au contraire, le Roi, à son avènement au trône, loin d'augmenter les impôts, n'a-t-il pas promis qu'il les réduirait en 1816; et, d'avance, n'a-t-il pas annulé le décret du 11 novembre 1813 qui ordonnait, pour impôt de guerre, la perception d'un dixième en plus sur les contributions directes et indirectes? Sous le règne de Louis XVIII avez-vous été forcés d'*offrir* vos bras pour aller travailler à la terre, à l'effet d'élever des redoutes pour combattre ceux qui venaient vous délivrer de la tyrannie?

Mais par quelle fatalité trouverait - on encore des hommes assez aveugles pour regretter la puissance de Buonaparte? Que quelques personnes titrées lui soient encore dévouées, je n'en suis pas étonné; mais quand j'entends des malheureux faire retentir les voutes du ciel des cris de *vive l'empereur* ! je suis saisi d'étonnement : quand j'ai vu des hommes ( qui ont pris le titre de *représentans de la nation* ) proposer de déclarer que *Buonaparte était le sauveur de la patrie,* ou j'ai gémi de pitié, ou j'ai frémi d'horreur ; car en quel temps fit-on une pareille proposition ? au moment où plusieurs provinces étaient soulevées contre son autorité ; tandis que *Paris*, *Lyon*, *Bordeaux*, *Marseille*, *Rouen* et presque toutes les grandes villes étaient comprimées par la force des baïonnettes, ou par l'audace de ces dénonciateurs à gages qui portent au sein des familles la crainte et la désolation.

Mais régner par l'astuce et la perfidie, leurrer la classe du peuple la moins éclairée par l'idée chimérique de la *liberté* et de l'*indépendance nationale*, faire passer pour l'*amour de la patrie* son propre orgueil et un système de domination, voilà le plan de conduite adopté par Buonaparte et ses agens ; car le moment où il abdique, est l'instant ou il veut conserver le pouvoir par la dictature (1); quand ses agens proclament *Napoléon II*, c'est pour conserver les rênes du pouvoir et en user à leur volonté ; enfin, faire tuer des milliers d'hommes pour sa propre cause, tel est le dévouement que Buonaparte exige de chaque Français ; et

---

(1) On assure que Buonaparte voyant que les chambres qu'il avait établies ne lui étaient pas autant dévouées qu'il le désirait, avait résolu de les dissoudre par la force et de se faire proclamer dictateur.

celui qui ose se refuser à cette *izvitation paternelle*, est un *royaliste,* et, par conséquent, *ennemi de sa patrie.*

Ainsi, les partisans de Buonaparte, humiliés, ne pouvant se soustraire aux calamités de la guerre, s'écrient : *Oui! ce sont les royalistes qui ont appelé les étrangers en France! oui, toute la gloire nationale est perdue!......* Hommes égarés ou pervers! sont-ce les royalistes qui ont conseillé à Buonaparte de quitter son île? sont-ce les royalistes qui l'ont soutenu dans ses projets gigantesques et liberticides? sont-ce les royalistes qui ont irrité toutes les puissances de l'Europe? Soyons justes, et disons que si les royalistes, au mois de mars dernier, eussent opposé la force à la force, plus faibles que vous qui étiez soutenus par l'armée, ils eussent été vaincus par leurs frères d'armes, et nous n'en serions pas moins sous la puissance des baïonnettes étrangères ; ainsi, ne nous le dissimulons pas, l'auteur des maux de la patrie est Buonaparte; et ses partisans, au lieu de se plaindre, doivent se repentir, ou de leur aveuglement, ou de leur témérité.

Après avoir tracé le tableau des malheurs

de la France causés par l'ambition et le despotisme de Buonaparte, essayons de prouver que l'*opinion* de la grande majorité des Français n'a cessé de se manifester dans tous les départemens de la France, qu'il n'y a pas eu une ville ou une bourgade où les vrais Français n'aient prouvé évidemment leur attachement à leur Souverain légitime ; et si la terreur, soutenue par les baïonnettes, a comprimé la volonté nationale, rappelons-nous la circulation d'une foule d'écrits qui ont exprimé le vœu réel du peuple ; tant il est vrai que l'*opinion est la reine du monde*, et que tôt ou tard elle triomphe de ses ennemis.

Nous pourrions donner ici plus d'un exemple, mais nous nous bornerons à citer quelques faits positifs, et à transcrire plusieurs pièces qui justifieront la haute *opinion* que les Français n'ont cessé d'avoir pour le Monarque que la Providence vient de ramener au vœu de ses bons, loyaux et fidèles sujets.

Il est notoirement connu que, dans les bonnes sociétés de la capitale, des réunions se sont formées journellement pour recueillir, pendant l'absence du Roi, toutes les nouvelles sur le sort et les dispositions de la famille des Bourbons. On sait que des presses ont produit une infinité de brochures qui établirent et firent connaître l'*opinion* des vrais Français. On a vu sur le banc des coupables des hommes honnêtes (1) soupçonnés d'avoir distribué des écrits pour la cause du Souverain légitime, et c'est dans le sanctuaire de la justice que s'est manifestée hautement l'opinion générale, soit dans la personne des jurés, en déchargeant d'accusation des citoyens bien famés et dignes de l'estime publique, soit dans un auditoire nombreux, dont les sentimens n'étaient pas douteux en faveur des accusés.

Mais ceux qui ont fréquenté les églises n'ont-ils pas jugé l'*opinion ?* n'ont-ils pas vu le dédain qu'on avait de chanter le *Domine salvum fac imperatorem ?* n'a-t-on pas remarqué, qu'en général, il n'était chanté que par les ministres et leurs chantres, qui en avaient *reçu l'ordre ?* peut-on nier l'enthousiasme de ces ministres du culte catholique et celui des fidèles pour chanter le

______

(1) M. Le Normant et autres, acquittés le 21 juin 1815.

*Domine salvum fac Regem*, quand l'*opinion* n'a pas été comprimée par la tyrannie ?

A quelle époque, depuis longues années, a-t-on vu une illumination générale et pareille à celle qui a décoré les maisons de Paris dans la soirée du 8 juillet ? A-t-on vu, préalablement, sur les murs de la capitale, des ordonnances de police à cet égard ? le mouvement spontané des habitans de Paris n'a-t-il pas montré évidemment l'opinion générale ? et l'élan du cœur, dans les acclamations, n'a-t-il pas prouvé le plaisir qu'on avait de revoir son Roi ?

Cependant, au sein de la joie publique, des têtes exaltées se portaient en imprécations contre cette auguste famille, qui peut faire tant de bien à la France; et tandis que quelques énergumènes se paraient du titre de *représentans de la nation*, ( quand ils faisaient tout pour la faire déchirer et l'asservir ) un homme courageux osa élever la voix contre la tyrannie; et en prenant l'initiative pour demander qu'on aille au-devant de Louis XVIII, il développa les conséquences heureuses d'une pareille démarche, en disant : « Il n'est donc pas vrai de « dire que ce soit être mauvais Français ou

« mauvais patriote que de se déclarer pour
« le Roi ; car la première condition à rem-
« plir pour être bon Français, est de vouloir
« conserver dans leur intégrité l'honneur,
« la puissance et le territoire de la France. »

M. Malleville, qui parla ainsi, prouva que les maux de la France n'étaient aussi grands que parce qu'on s'obstinait à soutenir un gouvernement illégitime ; et il fit remarquer que le meilleur des Princes avait prévu ces malheurs, quand il dit dans sa proclamation du 18 mars 1814 :

*Songez que si mon ennemi pouvait triompher, la guerre civile serait aussitôt allumée parmi nous, et qu'à l'instant même plus de trois cent mille étrangers, dont je ne pourrais plus enchaîner les bras, fondraient de toutes part sur notre patrie.*

Cette prédiction, qui aurait dû ouvrir les yeux des partisans de Buonaparte, ne s'est que trop réalisée. Mais, hommes égarés ou pervers ! direz-vous encore que le prince qui doit régner sur la France est l'auteur des malheurs qui l'accablent ? A-t-il été en son pouvoir d'*enchaîner les bras* des troupes de l'Europe qui avaient tant de raisons pour dé-

truire Buonaparte et ses adhérens? Mais dé‑
daignons ces propos fallacieux, et transcri‑
vons quelques pièces recueillies parmi une
foule immense d'écrits qui ont été répandus
pendant l'absence du Roi, afin de confirmer
ce que nous n'avons cessé de dire, « que la
« masse du peuple français, composée d'hom‑
« mes sages, raisonnables, qui ne sont mus
« par aucun esprit de parti, ont été constam‑
« ment dévoués à la cause du Souverain légi‑
« time. »

### A LA PATRIE (1).

« O fortune ! ô mon pays ! rejette de ton sein
« Ce perfide étranger, dont la sanglante main
« Immole, à chaque instant, d'innocentes victimes,
« Et se plaît à compter tous ses jours par des crimes.
« Exile loin de toi ses honteux partisans,
« Ces monstres furieux ne sont plus tes enfans :
« Punis leurs trahisons, confonds leur perfidie,
« Reprends ta liberté, l'abondance et la vie.
« Nous goûtions ces doux biens à l'ombrage des lis,
« Tout respirait la paix, tout bénissait Louis.
« Il a, pendant un an, rendu la paix au monde,
« Et guéri, dans nos cœurs, la douleur profonde

---

(1) J'invite le lecteur à ne voir dans la transcription
de ces pièces, que la preuve de l'opinion en faveur de
l'auguste famille des Bourbons, et non des preuves de
talent littéraire ni d'esprit de parti.

« En ce jour douloureux, est-ce pour nous punir

« Que le ciel en courroux est venu nous ravir

« Le plus chéri des rois, Louis, ce tendre père,

« Pour nous rendre un tyran sorti de son repaire ?

« Toi qui gouvernes tout par d'immuables lois,

« O Dieu ! Dieu tout puissant, daignes écouter ma voix;

« Jette du haut des cieux tes regards sur la France,

« Rends-lui son Souverain, son unique espérance;

« Ecrase de la foudre, un tyran furieux :

« Il brave ton pouvoir d'un front audacieux.

« Purge la terre, enfin, de sa race homicide,

« Du sang des malheureux elle est encore humide;

« Il implore la paix, et la France ses lis.

« Ah! comble ses souhaits en lui rendant Louis. »

---

# VOTE

*Motivé le 1<sup>er</sup> mars 1815, sur l'acte addi-
tionnel aux constitutions de l'empire.*

« Je soussigné, en vertu de la part de sou-
« veraineté qui m'a été promise en 1792,
« qui m'a été escroquée en 1800, qui m'a
« été solemnellement otée par un *sénatus-
« consulte* organique en 1804, qui m'a été
« rendue par une proclamation du 1<sup>er</sup> mars
« 1815, qui m'a été reprise par un acte ad-
« ditionnel du 22 avril, et que je reprendrai

« quand je serai le plus fort, si je trouve
« qu'elle en vaille la peine;

« Réfute l'acte additionnel à l'acte cons-
« titutionnel, et désavoue tout ce qui s'est
« suivi dudit acte constitutionnel jusqu'au-
« dit acte additionnel, et tout ce qui s'en
« suivra;

« 1° Parce que Napoléon reconnaît lui-
« même qu'il n'a de titre à gouverner que
« par une dictature imposée par la force, et
« que le droit de conquérant n'est pas celui
« de législateur;

« 2° Parce que la liberté de Buonaparte
« est une plaisanterie de mauvais goût;

« 3° Parce que cette liberté de Buona-
« parte est une saturnale qui soulève le cœur;

« 4° Parce que l'hérédité des pairies de
« Buonaparte est une injure gratuite aux
« générations futures;

« 5° Parce que l'exercice du droit de par-
« ler et d'écrire sous Buonaparte ne peut
« être qu'un *guet-à-pens*;

« 6° Parce que le vote du peuple sera illu-
« soire;

« 7° Parce que le vote des fonctionnaires
« publics sera dérisoire;

« 8° Parce que le vote de l'armée sera

« contradictoire avec toutes les idées mo-
« rales et le principe constitutionnel des
« nations ;

« 9° Parce que la restriction impertinente
« de l'article 67 (1) , est la précaution gros-

---

(1) Il serait difficile de croire jusqu'à quel point était
portée l'audace de Buonaparte , si on n'avait pas sous
les yeux cet article 67, dont voilà l'extrait :

« Le peuple français déclare , en outre, que dans la
« délégation qu'il a faite de ses pouvoirs, il n'a pas
« entendu et n'entend pas donner le droit de proposer
« le rétablissement des Bourbons ni d'aucun prince de
« la famille sur le trône, même en cas d'extinction de
« la dynastie impériale, etc. »

Quoi! Buonaparte déclare qu'il offre une constitution
libérale au peuple français , dont il *reconnaît* la souveraineté , et il lui impose la loi de ne pas choisir le
prince qu'il lui plaît? Il présente cet Acte additionnel
le 23 juin , quand dès le 8 du même mois il a ordonné,
par un décret, *de jurer obéissance aux constitutions
de l'Empire et fidélité à l'empereur!* Quoi! Buonaparte et ses agens crient de toutes leurs forces , *qu'en*
1814, *les souverains étrangers ont méconnu la volonté du peuple français , en plaçant sur le trône
un prince qui ne convenait pas à la nation!* Et ce
même Buonaparte qui a abandonné les rênes de l'Etat,
qui a abdiqué le trône à la face de l'Europe , ne se
contente pas d'usurper de nouveau la souveraineté ,
mais il exige encore que ni nous ni nos descendans

« sière et maladroite d'une tyrannie outra-
« geante, qui est et ne peut reçevoir d'adhé-
« sion que de la part de ses complices.

« Reconnaissant toute fois que les in-
« clinations martiales de la nation, et le rôle
« alternativement héroïque et bouffon qu'elle
« a joué depuis vingt-cinq ans sur le théâtre
« de l'Europe, exige qu'elle ait un roi qui
« monte bien à cheval ;

« Je propose Franconi (1). »

---

puissent émettre un vœu en faveur de princes si jus-
tement révérés, quand même *sa race serait éteinte !*
Ho ! j'espère que voilà bien le comble du délire !.....
Mais comment peut-on se persuader que des hommes
éclairés se soient laissés séduire par des raisonnemens
aussi absurdes ? Néanmoins, rassurez-vous, vrais Français ; le prestige est passé ; la verge de fer est brisée ;
un gouvernement paternel va veiller à vos destinées ;
une saine liberté va remplacer la licence ; l'impudence
n'en imposera plus à la raison ; le vice se cachera, et
la vertu triomphera.

(1) Sans mépris pour la personne de M. Franconi, il
est aisé de voir par cette conclusion, quel ridicule l'auteur avait pour cet acte additionnel, auquel de vrais
Français ont été, cependant, obligés de souscrire.

*Pièce trouvée par Buonaparte en Egypte* (1) *,
distribuée secrètement en avril* 1815.

« Le sceptre du monde appartient au plus
« audacieux; nul ne peut s'en emparer
« mieux que toi.

« Si tu veux conquérir le monde, éblouis
« d'abord la multitude par l'apparence de
« quelques vertus politiques; il viendra un
« temps où tu n'auras plus rien à ménager.

« Pour parvenir, inspire à tes soldats ton
« audace; leur courage et l'amour de la
« gloire t'aplaniront le chemin.

« L'ordre existant ! tu le renverseras par
« les armes.

« Les Rois ! tu les arracheras de leur
« trône par la perfidie, et tu les remplaceras
« par tes esclaves.

« Les peuples ! tu les subjugueras par la
« terreur, la mort et la dévastation.

« Les lois ! tu les aboliras pour dicter tes
« lois de sang et de rapines.

---

(1) On assure que Buonaparte trouva cet écrit dans
la chambre du milieu des pyramides d'Egypte , lorsqu'il
en fit la visite , et dans laquelle chambre il resta long-
temps.

« L'opinion ! tu la braveras ! et malheur à
« celui qui osera penser, parler et écrire.

« L'ambition ! tu la séduiras par l'appât
« des richesses et du pouvoir ; mais elle ne
« doit servir que de marche-pied à ton élé-
« vation. Si quelques ambitieux subalternes
« osaient se plaindre, tu les écraseras sous
« tes pieds.

« Tout mène au but l'homme audacieux
« et puissant : Mauvaise foi, trahisons, vio-
« lation des traités, mensonges politiques,
« séductions, haine, brutalité, inhuma-
« nité, tels sont les moyens qui te condui-
« ront au faîte des grandeurs.

« Souverain ! tu seras tout ; ta volonté dis-
« posera arbitrairement de l'honneur, des
« biens et de la vie de tes sujets.

« A la cour ! il ne doit y avoir qu'un
« maître, tout ce qui t'environnera n'est
« rien.... que tes valets.

« Tu mineras le peuple pour grossir tes
« trésors ; c'est le seul moyen de soutenir
« dignement l'éclat de ta puissance et d'exé-
« cuter tes projets.

« Quiconque oserait s'opposer à tes pas-
« sions, ou tenterait de pénétrer les replis

« de ta conscience, doit cesser de vivre, fût-
« il ton plus fidèle ami.

« Les grands succès justifient les grands
« crimes. Un million d'assassinats sont ef-
« facés par la victoire et par la renommée.

« Garde-toi seulement du léopard, des
« ours et des aigles (1).

Il est notoirement connu que lors de la
conjuration de Buonaparte, ses partisans le
nommaient le *Père la Violette*. Quelques
femmes portaient avec enthousiasme le bouquet de violettes ; dans les cabarets et dans les
orgies, on buvait à la santé du *Père la Violette*, etc......, ce qui a donné l'idée à un
littérateur, de faire dans les premiers mois
d'avril, la pièce de vers qui suit :

## LE LIS ET LA VOLETTE.

« Auprès d'un lis éblouissant, superbe,
   « Et dont le calice orgueilleux
   « Charmait l'odorat et les yeux,
« Croissait loin des regards et se cachait dans l'herbe

---

(1) On prétend que cette pièce antique, digne des
anciens despotes de l'Asie, avait exalté la cervelle de
Buonaparte à tel point, qu'il a voulu mettre en pra-
tique les maximes qu'elle contient ; mais que, par excès
d'orgueil, il avait dédaigné le dernier avertissement.

« Une gentille fleur,
« Emblême de la modestie
« Et de la timide pudeur,
« La violette enfin, de l'éclat ennemie.
« Le ciel était aussi calme que pur,
« Et l'astre qui brillait sous la voute d'azur,
« Embellissait le lis ; aussi, sa tête altière
« Du trône, des jardins, l'ornement et l'honneur,
« S'élève noblement et semble encor plus fière
« De son éclatante blancheur.
« Tout à coup un affreux orage
« Couvre d'un voile épais et la terre et les cieux ;
« Et du sein d'un sombre nuage
« S'élance un aigle furieux,
« Dont la serre encor sanglante
« Saisit le lis, l'arrache et le laisse étendu
« Près de sa voisine tremblante ;
« En un moment, hélas! le lis a tout perdu.
« Tels on voit des palais, d'orgueilleuse structure,
« Au niveau de la frêle et chétive masure,
« Qu'à peine ils honoraient d'un regard de mépris :
« Tels étaient la violette et l'infortuné lis.
« Après ce bel exploit, tout fier d'une victoire
« Qu'il attribue à sa valeur,
« Et se croyant couvert d'une immortelle gloire,
« L'aigle, pour se parer veut avoir une fleur :
« La violette, en vain dans son humble cachette
« Se croit en sûreté ; son agréable odeur
« La trahit : et l'oiseau vainqueur
« De mainte et mainte fleur dépouille la pauvrette,
« Puis s'envole, tenant dans son bec destructeur
« Une touffe de violettes.

« On vit alors les hiboux, les corbeaux,
 « Les milans, les vautours, enfin tous les oiseaux
    Avides de pillage,
 « De sang, de meurtre et de carnage,
 « Se rengorger, faire les beaux ,
« Et d'un pareil bouquet décorer leur plumage (1).
   « Mais laissons là, pour un instant,
   « Avilir la fleur printanière,
« Et revenons au lis, hélas ! dans la poussière :
   « Auprès de sa voisine, il était expirant.
   « Celle-ci n'eût jamais adressé la parole
   « Au lis majestueux, au lis éblouissant;
« Mais il est renversé, malheureux, languissant,
« Il accuse le sort, gémit et se désole;
   « La tendre sensibilité
« A la timide fleur dicte alors ce langage :
   « Consoles-toi, reprends courage,
  « Dit-elle au lis; tu n'as pas mérité
   « Un tel affront, un si cruel outrage.
   « Consoles-toi, l'aigle persécuteur
   « N'obtient, pour prix de sa victoire,
   « Que mépris, honte et déshonneur;

---

(1) Il faut cependant convenir que, dans cette occasion, la verve poétique de l'auteur s'est un peu enflammée; car parmi les partisans de Buonaparte, et qui se sont fait remarquer par leur enthousiasme pour la violette, il en est beaucoup qui n'ont jamais été *avides de pillage, de sang, de meurtre et de carnage.* Blâmons les coupables, mais plaignons sincèrement ceux qui, aveuglément, s'étaient dévoués à une si mauvaise cause, et faisons des vœux pour que le bandeau de l'erreur tombe; et que tous les Français ne forment qu'une seule famille autour du meilleur et du plus juste des Rois.

« Le lis a conservé sa gloire ;

« Ah ! que n'en puis-je dire autant !

« Mais , hélas ! maintenant

« Que peut la trahison , le crime et le parjure ?

« Puis-je encore aspirer à mourir sur le sein

   « D'une vierge innocente et pure ?

« Ton sort est mille fois plus heureux que le mien :

   « Bientôt, un appui tutélaire

   « Te rendra ta splendeur première ,

   « Et sera ton vengeur, ainsi que ton soutien :

   » Oui ! bientôt, du pouvoir suprême ,

   « De la candeur, de la vertu

« Le lis reviendra l'ornement et l'emblême (1) ;

« Mais aujourd'hui , languissant , abattu ,

   « Et du malheur innocente victime ,

   « Rappèles-toi qu'il est plus glorieux

   « De succomber en restant vertueux ,

   « Que de triompher par le crime. »

Un homme de lettres a dit : *En France tout finit par des chansons ;* cela est tellement vrai, que dans la crise douloureuse où nous nous trouvons , on chante encore. Mais voyons en quoi le caractère national ne peut se déguiser ; c'est toujours contre celui qui est l'auteur des maux qui nous

---

(1) Cet emblême a orné de nouveau les édifices de la capitale au moment où la blancheur des lis embellissait nos parterres et parait le sein des belles.

accablent ; c'est toujours pour marquer
l'*opinion* publique contre ses actions.

AIR : *On n'aime bien que la première fois.*

D'un conquérant cher, bien cher à la France,
Je viens ici chanter tous les exploits,
Dire comment sa prudente vaillance
L'a du péril sauvé jusqu'à six fois.

Près de Memphis porté par son courage,
Il fut vainqueur presque durant un mois ;
Puis ses lauriers reçurent quelqu'outrage,
Il se sauva..... pour la première fois.

Aux champs fleuris de l'antique Ibérie,
Il va porter ses armes et ses lois ;
Forcé bientôt de quitter la partie,
Il se sauva..... pour la deuxième fois.

Son aigle affreuse, au carnage animée,
Vole embraser les villes et les bois ;
Mais l'aquilon dévorant son armée,
Il se sauva..... pour la troisième fois.

Chez les Saxons il poursuit la victoire ;
Elle était prête à courir à sa voix :
Un pont s'écroule!..... hélas! adieu sa gloire,
Il se sauva..... pour la quatrième fois.

Vers la Belgique un matin il s'avance ;
Le soir a vu terminer ses exploits,
Et ce héros, guidé par sa prudence,
Se sauve encor..... pour la cinquième fois.

Paris entier ravi de sa vaillance,
Pour l'applaudir n'eut vraiment qu'une voix ;
Ce jour, enfin, il a sauvé la France,
En se sauvant pour la dernière fois.

Si les hommes étaient raisonnables, on aurait lieu de croire que Buonaparte, *en se sauvant pour la dernière fois*, a réellement *sauvé la France* : mais ses partisans n'étant pas de cet avis, ne cessent de répandre leurs sophismes en tout genre ; ce qui a donné l'idée à un littérateur de faire l'article suivant :

« On demande pourquoi les étrangers se
« sont mêlés de nos affaires domestiques; et
« moi je demande comment ils ne s'en se-
« raient pas mêlés. Quoi ! un aventurier,
« poussé par la fortune, la guerre et notre
« propre folie, est à la tête de notre gouver-
« nement ; cet aventurier, qui nous asservit
« après nous avoir défendu, veut encore,
« au prix de notre sang, asservir l'Europe !
« il triomphe, il corrompt, il divise ; il élève
« empire contre empire ; et, maître d'une
« moitié de l'Europe, il la renverse sur l'au-
« tre moitié, pour les écraser toutes deux à
« la fois. Cet infâme machinateur de tant
« de maux, sans foi, sans pitié, sans éléva-

« tion, a pendant quinze ans fatigué, ré-
« volté, ulcéré les rois et les peuples ; il les
« a abreuvés d'humiliations et d'outrages ; il
« les a plongés dans le sang et la ruine ; il
« a brisé des sceptres et des trônes pour
« imposer aux nations de nouveaux rois ses
« esclaves : les cruelles plaies qu'il a faites
« au monde sont encore ouvertes et pleines
« de douleur : on respire à peine de tant de
« calamités ; et vous voulez que l'Europe,
« qui l'a puni, le laisse reprendre en paix
« le pouvoir qu'il a perdu ; le laisse renouer
« les fils de son odieuse trame ; le laisse
« creuser de nouveaux abîmes où cette fois
« elle pourrait bien s'engloutir ? Vous voulez
» qu'éclairée par notre expérience et par la
« sienne, elle imite notre aveuglement et
« notre lâche servitude ! qu'elle se laisse, à
« notre exemple, museler et charger de fers !
« Fatals partisans de Buonaparte ! ou vous
« n'avez pas senti qu'en mettant le pied sur
« le sol de France, cette masse de crimes
« allait de nouveau soulever l'Europe contre
« nous, et dans ce cas vous êtes de tous ces
« insensés de la terre les plus stupides ou
« les plus dangereux ; ou bien vous l'avez
« prévu, et sans cesser d'être les plus stu-

« pides des hommes, vous en êtes encore
« les plus criminels. » (*Extrait du Journal
général de France* du 15 juillet 1815.)

Ou les partisans de Buonaparte sont bien
aveugles ou bien de mauvaise foi, s'ils ne se
rendent pas à l'évidence des faits, qui attestent la résolution qu'avaient prise les Puissances de l'Europe de ne poser les armes
que quand elles auraient anéanti le pouvoir
de l'ennemi commun.

Leur union inaltérable s'est soutenue dans
toutes les occasions ; et le Prince - Régent
d'Angleterre vient de donner une nouvelle
preuve des dispositions qu'il avait prises en
s'exprimant ainsi (dans la séance du parlement, le 12 juillet 1815) :

« L'usurpation de la suprême autorité en
« France par Buonaparte, en conséquence
« de l'abandon qu'a fait l'armée française de
« son légitime Souverain, m'a paru incom-
« patible avec la sécurité générale des autres
« pays, aussi bien qu'avec les engagemens
« dans lesquels la nation française était
« intervenue, et j'ai pensé n'avoir point
« d'autre alternative que l'usage des forces
« militaires de Sa Majesté, unies à celles de

« ses alliés, pour empêcher le rétablisse-
« ment d'un systême que l'expérience avait
« prouvé être la source des malheurs incal-
« culables pour l'Europe, etc. »

Ainsi gémissez donc, hommes aveugles
ou pervers, d'avoir voulu soutenir à la tête
du gouvernement français celui que l'Europe répudie, celui qui est en horreur aux
peuples et aux Rois ; gémissez d'avoir attiré
sur votre malheureuse patrie tous les maux
de la guerre, par votre aveuglement ou votre
entêtement ; persuadez-vous bien que l'Europe devait punir celui qui l'avait trop maî-
trisée , et qu'au sein des malheurs de la
guerre vous devez vous trouver encore heureux d'avoir pour *palladium* de tant de
maux, ces lis que vous fouliez aux pieds,
avec tant de haine et de mépris.

Mais détournons nos regards d'un tableau
si triste , et cherchons à nous égayer un peu
par l'*annonce d'une vente d'effets pour cause
de départ* (1).

« Parmi divers objets curieux, on adju-
« gera à l'enchère et au comptant,

---

(1) Extrait du Journal de Paris du 16 juillet.

« 1.º Un sceptre de fer, brisé en plusieurs
« morceaux ;

« 2.º Une couronne mal raccommodée,
« qui ne peut plus tenir sur la tête ;

« 3.º Une main de justice qui n'a jamais
« servie ;

« 4.º Une excellente paire de pistolets avec
« lesquels il est impossible de se tuer soi-
« même ;

« 5.º Plusieurs gradins de sapin vermoulu,
« et un grand tapis de velours piqué de
« mouches. Cela servait à faire un trône ;

« 6.º Enfin un traité sur l'avantage des
« chaises de poste pour les retraites mili-
« taires. »

Si nous avons recueilli ces différentes
pièces, et si nous avons cité une foule de
faits qu'on ne peut révoquer en doute, c'est
que nous avons désiré donner une juste
idée de l'*opinion* des vrais Français. En
vain, voudra-t-on nous persuader que la
volonté de Buonaparte et celle de ses partisans est l'*opinion* des Français : la raison,
oui, la saine raison nous dit le contraire.
En vain, voudra-t-on nous convaincre que
l'*honneur national* est perdu, parce qu'on

ne peut plus dominer l'Europe : l'*honneur national* est de défendre son pays, soit par la prudence, la sagesse ou la force ; mais peut-on voir l'*honneur national* dans l'orgueil d'une poignée d'hommes qui agitent les esprits contre tout ordre qui blâme leurs actions, ou qui peut réduire leur traitement ou leurs droits honorifiques ? l'*honneur* vraiment *national* n'eût-il pas été d'empêcher Buonaparte de sortir de son île, ou au moins de l'empêcher de mettre le pied sur le territoire français ? Si les chambres convoquées par lui eussent été animées de l'*honneur national*, auraient-elles attendu que les nombreuses légions étrangères fussent au sein de la France pour s'imposer la loi que des hommes paisibles désiraient pour le repos et le bonheur commun ? Etait-il de l'*honneur national* de faire des motions plus ou moins intempestives, autant pour aigrir les légions qui se dirigeaient contre nous, que pour exciter des hommes crédules à opposer une résistance qui ne devait donner pour résultat que la douleur de voir répandre inutilement le sang humain ? Enfin, il me semble que l'*honneur national* eût été d'entourer le Prince vertueux qui ne veut

que le bonheur de la France , et qui est in-
téressé à le faire , plutôt que d'aller au-
devant de celui qui ne sut que violer ses
traités, favoriser les parjures, et faire périr
des millions d'hommes qui , aveuglément,
lui étaient dévoués , pour satisfaire son ambition et son despotisme universel.

Français ! examinons les plaies de notre
corps politique, sondons-en la profondeur,
et il ne sera pas un Français qui ne soit dis-
posé à apporter tous ses soins pour les cicatriser. Mais, nous dira-t-on, quels sont
ces soins? d'abord le sacrifice de l'intérêt
personnel, l'union et la paix ; car j'aime à
croire que nous sommes tous animés de
l'amour de la patrie et que nous cherchons
tous le chemin du bonheur ; mais notre
marche est tortueuse et fatigante, et, sans
nous en douter, nous avançons vers le précipice où quelques meneurs, jaloux du pouvoir, nous plongeront, si nous persistons
à nous écarter du sentier de la raison et de
la justice.

Enfin, étranger à tous les partis, éclairé
par l'expérience sur la conduite de ceux qui
ont gouverné la France depuis vingt-cinq
ans , je ne vois le bonheur de notre malheu-

reuse patrie que dans l'union de ses habitans autour du trône du plus juste et du meilleur des Rois ; que dans l'attachement inviolable à son auguste famille ; que dans le respect le plus profond pour les têtes couronnées que l'ambition et la perfidie ont déplacé, momentanément, de leurs Etats, et dont la gloire sera plus grande par la tranquillité de l'Europe, que par la soif des conquêtes, qui fait presque toujours le malheur du genre humain.

Tels sont les vœux que nous formons bien sincèrement pour la stabilité de l'autorité légitime, pour le triomphe des Rois, pour la sécurité et le bonheur des peuples.

FIN.

9 782019 980443